Der Kleine TaschenFreund

MIX
Aus verantwortungsvollen Quellen
FSC® C022120

ISBN 978-3-649-63289-4

Hafenweg 30, 48155 Münster, Germany
Textsatz: Thomas Wolters, Internetlitho
Redaktion: Kai König

Printed in Slovakia
www.coppenrath.de

Einfach mal ~~machen~~ lassen!

Kleine Geschichten

Mit Illustrationen von Nora Paehl

COPPENRATH

Inhalt

JEDER
Tag
ist
wunderbar!

Amelie Fried

Mein Schweinehund und ich

Es gibt eine Gestalt in der Literatur, die mir immer sehr sympathisch war: Oblomow, der herzensgute, aber stinkfaule Gutsbesitzerssohn, der sein Leben mehr oder weniger im Bett verbringt und sich auf diese Weise vor allem drückt, was anstrengend oder schwierig werden könnte. Ich geb's ja ungern zu, aber irgendwie fühle ich mich Oblomow seelenverwandt.

Am allerliebsten liege ich bequem herum, lese ein gutes Buch und esse was Leckeres dazu. Leider komme ich nicht besonders oft dazu, weil ich so viel zu tun habe, dass an Faulenzen nicht zu denken ist. Aber ich schwöre Ihnen: Wenn ich könnte, dann würde ich faulenzen, dass die Schwarte kracht. Tagelang, wochenlang …

Ich werde meistens ausgelacht, wenn ich behaupte, ich sei faul, weil ich ja tatsächlich wahnsinnig viel mache. Vieles davon mache ich aber nur, weil ich mich für meine Faulheit geniere und nicht will, dass andere sie bemerken. Es handelt sich um eine Art kompensatorischen Fleiß aus Verlegenheit. Und kaum jemand ahnt, was ich alles nicht mache, obwohl es ganz dringend gemacht werden müsste! Seit Monaten ist zum Beispiel der Boden meines Arbeitszimmers mit Büchern und Papierstapeln bedeckt, die ich sortieren und ausmisten müsste. Weil ich dazu viel zu faul bin, nehme ich ständig Aufträge für Artikel, Moderationen oder sonstige Jobs an. Da herrscht Termindruck, da gibt's kein Entkommen, das muss ich machen. Die Bücherstapel machen keinen Termindruck, die liegen nur dumm rum, und ich kann sie genauso gut liegen lassen.

Seit bald acht Jahren habe ich es nicht mehr geschafft, die hunderttausend Fotos ins Album zu kleben, die bei Kindergeburtstagen, an Weihnachten und im Sommerurlaub geschossen worden

sind. Die Kinder werden größer, mein schlechtes Gewissen auch, aber umpfff! – allein die Vorstellung, tagelang einzukleben, zu beschriften, Negative zu sortieren, Abzüge zu bestellen – da schreibe ich doch lieber wieder ein Buch!
Auch die überquellenden Schränke, der vollgestopfte Abstellkeller, die Koffer voller ausrangierter Kinderkleidung – sie alle schreien danach, ausgemistet und aufgeräumt zu werden, aber beim schieren Gedanken daran überfällt mich eine grässliche, oblomowsche Lähmung, und ich muss mich erst mal ein bisschen aufs Sofa legen und darüber nachdenken, wie ich diesen verhassten Tätigkeiten entkommen kann, ohne dass es so aussieht, als wäre ich faul.
Vor ein paar Dingen kann man sich ja leider schwer drücken, obwohl ich einige Mühe aufwende, es doch hinzukriegen. Das morgendliche Aufstehen zum Beispiel ist für einen Nachtmenschen wie mich der blanke Horror. Seit das neue Schuljahr

begonnen hat, klingelt der Wecker noch eine Dreiviertelstunde früher als bisher, weil Leos Schulweg weiter ist. Tja, dachte ich mir, das Beste ist wohl, ich gehe auf eine längere Lesereise, dann muss mein Mann morgens mit den Kindern aufstehen, während ich faul und gemütlich in meinem Hotelzimmer liege und ausschlafe. Ich hoffe nur, er kommt mir nicht auf die Schliche!

Das Schlimme ist ja, dass man heutzutage nicht mal mehr in seiner Freizeit in Ruhe abhängen kann, weil ständig erwartet wird, dass man aktiv ist. Man soll Sport treiben, sich mit Freunden treffen, das kulturelle Angebot seines Wohnortes nutzen, pädagogisch wertvolle Spiele mit seinen Kindern machen, sich weiterbilden, die Natur genießen – ja, wann zum Teufel kann man denn mal nichts tun? Einfach rumsitzen und Löcher in die Luft starren?

Man muss das Faulsein nämlich auch üben, sonst verlernt man es. Mein Problem ist inzwischen, dass ich es kaum noch aushalte, untätig zu sein. Dass ich unruhig werde und mir überlege, was ich tun könnte, wenn ich mal nichts zu tun habe. Und dann kann es sogar passieren, dass ich aus lauter Angst vor Leerlauf Schränke ausmiste und Fotos einklebe. Mein innerer Schweinehund ist schon ganz beleidigt, weil es auf ihn so wirkt, als würde es mich kaum Mühe kosten, ihn zu überwinden. Irrtum! Ich bin eine verhinderte Faulenzerin, eine, die wahnsinnig gerne nichts tun würde, wenn sie es nur könnte. Oblomow, hilf!

WENIGER

Alltag,

MEHR

Konfetti

Marie von Ebner-Eschenbach

Ungelöste Aufgaben

Eine kluge Prinzessin wurde von einem beschränkten, aber sehr mächtigen König geliebt und schenkte seinen Werbungen kein Gehör. Als er immer dringender und infolgedessen lästiger wurde, beschloss sie, ihn für immer aus ihrer Nähe zu entfernen. Dies musste jedoch in Güte geschehen, denn die Feindschaft des starken Nachbarn wollte die Prinzessin ihrem Land nicht zuziehen.

So sprach sie denn eines Tages zu ihm: „Deine Treue hat mich gerührt, und ich will sie belohnen. Du sollst mein Gemahl werden, sofern es dir gelingt, die Aufgabe zu lösen, die ich dir stellen will."

Der König rief: „Nenne sie; wenn es im Bereich menschlicher Kraft liegt, werde ich sie erfüllen."

„Zieh hin", erwiderte die Prinzessin, „und suche, mir die folgenden drei Dinge ausfindig zu machen:

Ein Vorurteil, das durch Vernunft besiegt wurde.
Eine Torheit, die so groß ist, dass noch kein Mensch sie begangen hat.
Eine Lästerung, so schamlos, dass sie keine Zunge findet, um sie zu wiederholen."
Der König lachte und gab Befehl, die Hochzeitsfeier zu bereiten, denn er meinte, in wenigen Tagen schon seine Braut heimzuführen. Dann begab er sich auf die Reise.
Dies geschah vor tausend Jahren, und bis heute ist er noch nicht zurückgekommen.

Elsa Osorio

Der unmögliche Traum

Seine Deutungen meiner Träume gefielen mir so sehr, dass ich es kaum erwarten konnte, schlafen zu gehen, nicht um mich endlich ausruhen zu können, sondern damit in der undurchdringlichen Dunkelheit meines Zimmers die Träume sprossen und wie die Triebe des Jelängerjelieber alles überwucherten. Es ging mir nicht darum, mit den Deutungen meiner Träume meine Probleme im Leben zu verstehen (oder gar zu lösen). Ich genoss seine wunderbaren Sätze, nichts weiter zählte für mich.

Alles, was sich außerhalb dieses Raums der Nacht, dieser Praxis abspielte, passte überhaupt nicht zu diesem so unwirklich Funkelnden; das Leben war kompliziert, grausam, hin und wieder glücklich; ich selbst eine Unangepasste. Aber meine Träume

DAS

Leben

IST EINE

WUNDER=

TÜTE

besaßen eine erzählerische Kraft, die jede Geschichte Scheherazades in den Schatten gestellt hätte, denn anders als Scheherazades Sultan ließ der Große Efrit, der mir zuhörte, meine Träume wachsen, sie Grenzen überschreiten, unvorstellbare Gipfel erreichen. Mein Unterbewusstes war so reich, kühn, feinfühlig, gebildet, aufregend, dass ich es selbst kaum glauben konnte, denn im Leben brachte ich nichts zustande.

Immer wieder sagte ich mir „zu gut, um wahr zu sein", und ohne es zu wollen, verlangte ich mir Nacht für Nacht ab, mit meinen Träumen seine Erwartungen nicht zu enttäuschen. Manchmal war mir zu Beginn der Sitzung bang zumute, weil der Traum, den ich mitgebracht hatte, voller banaler Tagesreste steckte und lange nicht die Originalität besaß, die der Große Efrit verdient hatte. Aber nein, seine Fähigkeiten, meine Träume auszulegen und aufzuwerten, waren unendlich.

Eines Nachts träumte ich, ich liege auf der Couch

und erzähle den Traum, den ich gerade träume, darin erzähle ich, dass ich geträumt habe, dass ich den Traum erzähle, den ich gerade träume, damit der Analytiker ihn mir deutet.
Ich wachte erschrocken auf, wälzte mich umher, wartete ungeduldig auf den Beginn der Sitzung. Ich kam pünktlich. Ich legte mich auf die Couch. Ich fühlte mich unwohl. Ich wusste nicht, ob ich den Traum erzählen sollte, in dem ich erzähle, dass ich träume, dass ich den Traum erzähle, den ich geträumt habe, damit der Analytiker ihn deutet, diesen Traum im Traum im Traum, oder ob ich träumen sollte, dass ich auf der Couch, auf der ich dem Analytiker Träume erzähle, nicht mehr träume. In diesem Schwindel war ich gefangen, und der Große Efrit und ich verfielen in ein undurchdringliches Schweigen, das unauflösbar war.
Seitdem kann ich träumen, und ich kann diesen Traum erzählen, diese Geschichte zum Beispiel. Und die nächste!

Das Leben ist so unfreundlich, glücklich und grausam wie vorher, aber ich halte es, ich weiß nicht warum, viel besser aus.

LEBE
einzig,
NICHT
ARTIG!

Marlen Haushofer

Die Frau mit den interessanten Träumen

Sie war eine reizende Person, und er war sehr verliebt in sie. Zunächst amüsierte ihn ihre Gewohnheit, ihm jeden Morgen lang und breit ihre Träume zu erzählen, ja er fand diese Träume sogar höchst bemerkenswert und beinahe so wundervoll wie sie selbst.

Freilich war es ein wenig beängstigend, des Nachts mit dem verzweifelten Schrei geweckt zu werden: „Die Köchin hat das Huhn lebendig gebraten" oder „Ich habe ein Kind mit sechs Beinen bekommen." Aber sie war leicht zu beruhigen, ein paar tröstende Worte, ein Kuss, und sie schlief schon wieder, das tränennasse Gesicht an seine Schulter geschmiegt. Er indessen lag stundenlang wach und machte sich mit männlicher Gründlichkeit peinli-

che Gedanken über das lebendig gebratene Huhn und das Kind mit sechs Beinen.
Nach einiger Zeit, etwa nach vier Jahren, zogen sie es aus praktischen Gründen vor, getrennt zu schlafen, und die junge Frau musste sich darauf beschränken, ihre Träume im Badezimmer oder beim Frühstückskaffee zum Besten zu geben.
Noch immer waren es sehr bemerkenswerte Träume, aber allmählich begannen sie ihm auf die Nerven zu fallen. Er legte einfach keinen Wert mehr darauf, zu erfahren, dass sie den Briefträger mit der Zunge an die Tür genagelt oder dem Negus geraten habe, endlich etwas gegen die Rattenplage zu unternehmen. Es war ihm ganz egal, wie der Negus auf diesen Vorschlag reagiert hatte, er wünschte einzig und allein, in Ruhe die Morgenzeitung lesen zu können. Aber sie kannte keine Gnade, sie nahm ihm die Zeitung aus der Hand, starrte ihn mit glänzenden Augen an und sprach: „Und unter deinem Schreibtisch war eine Armee

winziger Männchen ... wahnsinnig komisch, sag ich dir."

Diesen Zustand ertrug er mit wachsender Ungeduld noch ein Jahr lang. Ihre Ehe ließ zu wünschen übrig, er wurde täglich gereizter, und sie fühlte sich unverstanden.

Manchmal schrie er sie an: „Hör auf mit deinen blödsinnigen Träumen, sie interessieren mich nicht." Dann schwieg sie bestürzt – zwei ganze Tage – nicht länger, denn sie war keine nachtragende Natur. Am dritten Morgen berichtete sie schon freudig und versöhnt, sie sei splitternackt zur Beichte gegangen. Dann hegte er Scheidungspläne und Selbstmordabsichten.

Als sie ihm aber in einer zärtlichen Stunde gestand, sie habe im Traum einen blonden Backenbart getragen, ungefähr wie Ohm Krüger, stand er wortlos auf und ging ins Kaffeehaus.

Am nächsten Tag erklärte er ihr sehr ernsthaft, er werde sich auf der Stelle scheiden lassen, wenn sie

ihn noch einmal mit ihren Träumen belästigen werde.
Sein Ernst machte den größten Eindruck auf sie. Vier Wochen lang war sie scheu, schweigsam und wusste nur vom Wetter oder von den Lebensmittelpreisen zu reden.
Aber schon nach der ersten Woche, die wie eine Befreiung auf ihn gewirkt hatte, begann er sich unsäglich zu langweilen. Das Leben war plötzlich grau und ohne Glanz, nicht einmal der Besuch eines Abenteuerfilms konnte ihn aufmuntern.
Eines Morgens, gerade nach vier Wochen, sah er sie auf dem Rand der Badewanne sitzen und verträumt vor sich hinkichern. Als er sie scharf ansah, errötete sie und stotterte: „Wenn du wüsstest … nein, nein, ich darf nicht …“
„Einmal ist keinmal“, sagte er gönnerhaft und voll heimlicher Spannung.
„Ich war Hofrat in irgendeinem Ministerium“, erzählte sie voll Eifer, „und da war ein alter Oberst,

der immerfort um eine Pension für seinen Hund Bello ansuchte. Das ganze Ministerium war schon außer sich; aber schließlich hab ich's doch bewilligt." Sie wurde plötzlich sehr nachdenklich: „Das Merkwürdige daran ist, dass der Hund 1848 geboren war – so alt kann doch ein Hund gar nicht werden."
„Kaum", sagte er kühl, aber dann ging er zu ihr hin und gab ihr einen Kuss, und in den nächsten vier Wochen waren sie sehr glücklich.

DU
bist
EINFACH
fabelhaft!

Jane Austen

Stolz und Vorurteil

Die Einladung vervollständigte Mr. Collins' Triumph. Die Möglichkeit, seinen staunenden Gästen die ganze Vornehmheit seiner Patronin zeigen zu können und sie die Aufmerksamkeit erleben zu lassen, mit der man ihn und seine Frau auf Rosings behandelte, das war gerade das, was er sich noch gewünscht hatte. Und dass die Gelegenheit dazu so bald schon gegeben wurde, war in seinen Augen ein solcher Beweis für die besondere Güte Lady Catherines, dass er nicht genug lobende Worte finden konnte.

„Ich muss zugeben", sagte er, „dass es mich nicht weiter überrascht haben würde, hätte Lady Catherine uns am Sonntagabend zu einer Tasse Tee gebeten. So viel glaubte ich, so wie ich sie nunmehr kenne, erwarten zu dürfen. Aber wer hätte eine solche Liebenswürdigkeit erträumen können? Wer hätte gedacht, dass eine Einladung zum Essen so bald schon nach eurer Ankunft ergehen würde, welche zudem all unsere Besucher mit einschließt?"

„Ich meinerseits vermag nicht das gleiche Erstaunen wie du zu empfinden", sagte Sir William, „da meine Stellung mir manchen Einblick in die besten Kreise gewährt hat. Bei Hof zum Beispiel habe ich das Gleiche erlebt!"

Im Laufe des Tages und noch am nächsten Morgen gab es keinen anderen Gesprächsstoff außer der Einladung. Mr. Collins bereitete alle sorgfältig darauf vor, was sie zu sehen bekommen würden: die Größe und Pracht der Räumlichkeiten, die Anzahl von Bedienten, das Essen mit all seinen Herrlichkeiten – nur, damit sie dort nicht gänzlich von allem erschlagen werden sollten.

Als die Damen sich zurückzogen, um mit ihrer Toilette zu beginnen, sagte er zu Elizabeth: „Sie brauchen sich wegen Ihrer Erscheinung keine Sorgen zu machen, liebe Cousine. Lady Catherine erwartet keineswegs, dass wir so modern und elegant sein sollen, wie sie und ihre Tochter es natürlich sind. Ich möchte Ihnen raten, einfach das Beste anzuziehen, was Sie mithaben; mehr ist nicht nötig. Lady Catherine wird nicht schlechter von Ihnen denken, bloß weil Sie ohne Aufwand gekleidet sind. Sie liebt es im Gegenteil, wenn der Standesunterschied auch in der Kleidung gewahrt bleibt." Während sie sich anzogen, machte er nochmals einen Rundgang vor die verschiedenen Türen und forderte alle auf, sich zu beeilen, da Lady Catherine es nicht schätze, mit dem Essen warten zu müssen.

All das Drum und Dran hatte Maria eine heillose Angst eingejagt, und da sie sowieso noch nicht viel in Gesellschaften gekommen war, sah sie ihrer Einführung auf Rosings mit Gefühlen entgegen, die genau denen ihres Vaters anlässlich seiner Vorstellung bei Hofe glichen.

Da das Wetter klar war, machten sie den kurzen Weg quer durch den schönen Park zu Fuß. Ein Park hat überall seine Schönheiten, seine herrlichen Aussichten; und obwohl Elizabeth vieles entdeckte, was ihr gut gefiel, konnte sie sich doch nicht zu solcher Verherrlichung aufschwingen, wie sie nach Mr. Collins' Ansicht geboten war; selbst seine Aufzählung der Vorderfenster von Rosings und der Kosten, die das Einsetzen der Scheiben verursacht hatte, ließ sie enttäuschend kalt.
Als sie die Stufen zur Empfangshalle hinaufstiegen, nahm Marias Aufregung bei jedem Schritt zu; sogar Sir William schien nicht so selbstsicher wie sonst. Elizabeth dagegen war beherzt wie immer. So viel sie auch von Lady Catherine gehört hatte, kein Bericht hatte etwas von ungewöhnlichen Fähigkeiten und übermäßigen Tugenden verlauten lassen, und Geld und Rang berührten sie nicht weiter. Von der Halle, auf deren fein geschnörkelte, schön proportionierte Ornamentik Mr. Collins na-

türlich wieder besonders aufmerksam machte, führte sie ein Diener durch ein Vorzimmer in den Raum, wo Lady Catherine und ihre Tochter ihre Gäste erwarteten. Mit vollendeter Höflichkeit erhob sich Lady Catherine bei ihrem Eintritt; und da Mrs. Collins schon vorher mit ihrem Mann abgemacht hatte, dass sie die Vorstellung übernehmen sollte, geschah dies in einer vernünftigen, ruhigen Weise ohne all die Entschuldigungen und Dankesbezeugungen, die Mr. Collins zweifellos bei der Gelegenheit wieder angebracht hätte.

Trotz seiner Vorstellung bei Hofe war Sir William von der ihn umgebenden Pracht so völlig überwältigt, dass er gerade noch den Mut zu einer sehr tiefen Verbeugung aufbringen konnte, bevor er stumm auf einen Sessel niedersank. Seine Tochter war erst ganz entgeistert; sie balancierte auf dem äußersten Rande ihres Stuhls und wusste nicht, wohin sie blicken sollte. Elizabeth dagegen blieb gelassen und nahm die drei Damen vor ihr ohne

jede Befangenheit in Augenschein.
Lady Catherine war eine große, kräftige Frau, mit allzu harten Linien in einem Gesicht, das früher vielleicht einmal recht schön gewesen sein mochte. In ihrem Blick lag keine Spur von Güte und Entgegenkommen, und die Art, wie sie ihre Gäste begrüßt hatte, herrisch und von oben herab, war durchaus nicht dazu angetan gewesen, Sir William und seiner Tochter ihre Befangenheit zu nehmen. Elizabeth musste sogleich an Wickhams Beschreibung denken: Lady Catherine entsprach genau dem Bild, das sie sich danach von ihr gemacht hatte, und in Haltung und Wesen glaubte sie eine gewisse Ähnlichkeit mit Darcy entdecken zu können. Die Tochter war jedoch ganz das Gegenteil. Miss de Bourgh sah bleich und kränklich aus; ihre Züge waren, obzwar nicht gerade hässlich, so doch völlig nichtssagend; sie redete fast gar nicht, außer mit einer kaum hörbaren Stimme zu Mrs. Jenkinson. Mrs. Jenkinson hatte keine besonderen Eigen-

schaften, wenn sie überhaupt welche besaß; sie war ausschließlich damit beschäftigt, Miss de Bourgh zuzuhören und mit einem Schirm das Licht von den empfindlichen Augen ihres Schützlings fernzuhalten.

Zuerst mussten die Gäste die Aussicht bewundern, wobei Mr. Collins es übernahm, auf alle Schönheiten hinzuweisen, während Lady Catherine, ohne sich von ihrem Sitz zu rühren, sich herabließ, zu bemerken, dass der Park im Sommer noch viel schöner sei.

Das Essen war wirklich ganz ausgezeichnet und wurde von den zahlreichen Dienern auf vornehmem Geschirr serviert, ganz wie Mr. Collins es versprochen hatte. Auch seine andere Voraussage, dass er auf Lady Catherines Wunsch die Rolle des Hausherrn am anderen Ende der Tafel ihr gegenüber übernehmen werde, ging in Erfüllung, und man sah es ihm an, dass er mit sich und der Welt zufrieden war. Er zerteilte den Braten, aß, und eine

Lobrede folgte dabei der anderen; jeder Gang rief bei ihm neue Begeisterung hervor. Sir William aber, der sich inzwischen genügend gefasst hatte, war das Echo für den Wortschwall seines Schwiegersohnes. Elizabeth wunderte sich, wie Lady Catherine das alles aushalten konnte. Doch Lady Catherine schien im Gegenteil höchst erbaut von der hemmungslosen Bewunderung der beiden und lächelte huldvoll, besonders wenn irgendein Gericht ihren Gästen unbekannt zu sein schien. Eine andere Unterhaltung gab es bei Tisch nicht. Elizabeth hätte wohl über dieses oder jenes gesprochen, wenn sich eine Gelegenheit dazu geboten hätte; aber sie saß zwischen Charlotte und Miss de Bourgh, und Charlotte war vollauf mit Lady Catherine beschäftigt, und deren Tochter redete sie nicht ein einziges Mal während des ganzen Essens an. Mrs. Jenkinson hatte nur Augen für Miss de Bourgh, jammerte, wenn sie zu wenig auf ihren Teller nahm, bat sie flehentlich, doch noch ein bisschen von dieser oder jener Speise zu versuchen, und fragte sie ständig, ob sie sich etwa nicht ganz wohl fühle.

Sehr viel unterhaltsamer wurde es auch nicht, als die Damen sich ins Wohnzimmer zurückzogen und die Herren ihrem Portwein überließen; denn bis der Kaffee kam, redete allein Lady Catherine und in einer so bestimmten Weise über alles und jedes, dass eine Antwort überflüssig, wenn nicht gar unhöflich gewesen wäre. Sie erkundigte sich eingehend nach Charlottes häuslichen Angelegenheiten, beriet sie ungebeten über alles Mögliche und erklärte ihr, wie sie sich am besten in einem so kleinen Haushalt einrichten müsse, wie Kühe zu pflegen und Hühner zu züchten seien und noch vieles mehr. Sie konnte gar nicht anders, sie musste immerzu Befehle und Anweisungen geben. Dazwischen fragte sie Maria und Elizabeth aus, wollte wissen, wie viele Geschwister Elizabeth habe, ob ältere oder jüngere, ob irgendeine von ihren Schwestern Aussicht habe zu heiraten, wie sie aussähen, welche Erziehung sie genossen hätten, ob ihr Vater sich einen Wagen halte und was für einen und wie der Mädchenname ihrer Mutter laute. Elizabeth fand diese Fragen zwar durchaus ungehörig, beantwortete sie jedoch ruhig und höflich. Lady Catherine bemerkte daraufhin: „Der Besitz Ihres Vaters fällt also an Mr. Collins. Das freut mich ja natürlich um Ihretwillen“, meinte sie zu Charlotte, „im Übrigen begreife ich nicht, wieso die weibliche Linie bei der Erbfolge übergangen werden soll. In Sir Lewis de Bourghs Familie ist es jedenfalls nicht üblich gewesen. Können Sie Klavier spielen und singen, Miss Bennet?“

„Ein wenig.“

„Ausgezeichnet! Dann soll es uns freuen, wenn wir Sie gelegentlich einmal hören dürfen. Unser Instrument ist ganz hervorragend, wahrscheinlich weitaus besser als … Können Ihre Schwestern auch spielen und singen?“

„Nur eine.“

„Warum haben Sie es nicht alle erlernt? Sie hätten es alle lernen sollen. Alle Webbs spielen Klavier, und deren Vater ist nicht so wohlhabend wie der Ihre. Können Sie zeichnen?“

„Nein, leider gar nicht.“

„Was? Keine von Ihnen allen?“

„Nein, nicht eine.“

„Das verstehe ich nicht! Aber Sie hatten vielleicht keine Gelegenheit dazu. Ihre Mutter hätte Sie jedes Frühjahr nach London schicken müssen, um Unterricht zu nehmen.“

„Meine Mutter hätte das schon gern getan, aber Vater verabscheut London.“

„Wohnt Ihre Erzieherin noch bei Ihnen?“

„Wir haben nie eine Erzieherin gehabt.“

„Keine Erzieherin! Wie ist denn so etwas möglich? Fünf Töchter und keine Erzieherin! Das ist mir noch nie vorgekommen! Ihre Mutter muss sich ja geradezu zu einer Sklavin Ihrer Erziehung erniedrigt haben!“

Elizabeth konnte schon kaum noch ihr Lächeln unterdrücken, als sie versicherte, dass es nicht ganz so schlimm gewesen sei.

„Liebes Fräulein, wenn ich Ihre Mutter gekannt hätte, wäre ich bestimmt in sie gedrungen, eine Erzieherin für ihre Töchter anzustellen. Meiner Meinung nach ist keine Erziehung ohne regelmäßigen und gründlichen Unterricht möglich, und den zu geben ist nur eine gute Erzieherin befähigt. Gehen Ihre jüngeren Geschwister schon in Gesellschaft, Miss Bennet?“

„Jawohl, gnädige Frau, alle.“

„Alle?! Alle fünf schon? Sehr seltsam! Und sie sind doch gewiss noch sehr jung?“

„Ja, die Jüngste ist noch nicht ganz sechzehn. Sie ist vielleicht wirklich noch etwas jung, um auszugehen. Aber offen gestanden, gnädige Frau, hat doch die Jüngste ein ebenso gutes Recht, ihre Jugend zu genießen, wie die Älteste!“

„Mein Gott“, sagte Lady Catherine, „für Ihr Alter

haben Sie aber eine sehr sichere eigene Meinung! Sagen Sie, wie alt sind Sie?"

„Mit drei jüngeren, aber erwachsenen Geschwistern können gnädige Frau nicht erwarten, dass ich mein Alter verrate", erwiderte Elizabeth lächelnd.

Lady Catherine war offensichtlich höchst überrascht, keine genaue Antwort zu erhalten. Elizabeth schloss daraus, dass sie wohl die Erste war, die es gewagt hatte, so viel hochgeborene Unverfrorenheit nicht zu würdigen.

„Über zwanzig können Sie doch bestimmt nicht sein – da haben Sie es doch noch nicht nötig, Ihr Alter zu verheimlichen."

„Über zwanzig bin ich schon, aber noch nicht über einundzwanzig."

Der Tee war getrunken; die Herren gesellten sich wieder zu den Damen, und die Kartentische wurden aufgestellt. Lady Catherine, Sir William und Mr. und Mrs. Collins nahmen an dem einen Tisch Platz; und die beiden jungen Mädchen durften zusammen mit Mrs. Jenkinson an dem anderen Tisch mit Miss de Bourgh spielen. Sehr geistvoll ging es hier nicht zu; gesprochen wurde nur, soweit das Spiel es erforderte, außer wenn Mrs. Jenkinson ihrer Besorgnis Ausdruck verlieh, es könne Miss de Bourgh zu warm oder zu kalt, zu hell oder zu dunkel sein.

Am anderen Tisch führte Lady Catherine das große Wort, rügte die Fehler, die die anderen machten, und erzählte allerlei Geschichten, in denen sie die Hauptrolle spielte. Mr. Collins erfüllte seine gewohnte Aufgabe, das heißt, er sagte Ja zu allem, was Lady Catherine sagte, dankte ihr für jedes gewonnene Spiel und bat um Entschuldigung, wenn er glaubte, zu oft gewonnen zu haben. Sir William hatte keine Zeit zum Reden; er war bemüht, sich alles, was er hörte, vor allem die erlauchten Namen, genau zu merken.

Als Lady Catherine und ihre Tochter genug hatten, wurde das Spiel abgebrochen, Mrs. Collins der

Wagen angeboten, das Angebot dankbar angenommen und der Befehl zum Vorfahren gegeben. Man stand noch eine Weile am Feuer, um Lady Catherine das Wetter für morgen bestimmen zu hören. Dann wurde der Wagen gemeldet, und unter allen Dankesphrasen, die Mr. Collins zu Gebote standen, und ebenso vielen Verbeugungen von Sir William verabschiedete man sich. Kaum saß man im Wagen, als Elizabeth von ihrem Vetter aufgefordert wurde, ihr Urteil über alles Gesehene und Erlebte abzugeben. Aber so sehr sie auch mit Rücksicht auf Charlotte vorgab, von allem entzückt zu sein, Mr. Collins war keineswegs zufrieden, und bald sah er sich genötigt, seiner Cousine das Wort zu entziehen, um selbst Lady Catherines Lob in gebührlicher Weise zu singen.

SEI GLÜCKLICH,
LEBE
VERRÜCKT!

Kirsten Fuchs

Versuchsanordnung

Wie die Liebe anfängt

Modell 1: Gar nicht
Bedeutet: Es fängt gar nicht an.
Beispiel: Ein Lehrer versucht, einen Wiedehopf an einer Tafel zu befestigen. Der Wiedehopf fällt herunter, denn Wiedehopfe sind nicht magnetisch. Die Tafel ist zwar magnetisch, aber der Wiedehopf eben nicht. Der Wiedehopf ist auch nicht klebrig und die Tafel ebenso wenig. Wiedehopf und Tafel können sich nicht ineinander verlieben, sie empfinden das nicht als Verlust. Der Lehrer war der Zufall, aber das reicht eben nicht.

Modell 2: Gar nicht, aber auf eine andere Art
Bedeutet: Einer verliebt sich, der andere nicht.
Beispiel: Ein Eichhörnchen versucht, eine Nuss zu

öffnen. Das Eichhörnchen hat keine Zähne. Das Eichhörnchen ist also gar nicht in der Lage, die Nuss zu öffnen. Hätte das Eichhörnchen Zähne, würde es die Nuss öffnen, die Nuss essen, die Nuss wäre leer, das ginge zulasten der Nuss. Eventuell liebt die Nuss das Eichhörnchen nicht, genau weil es keine Zähne hat, damit ist es eine intolerante Nuss, die ein übertriebenes Schönheitsideal hat und deshalb nie gegessen wird. Eine Nuss, die nie gegessen wird, vergammelt. Eine Nuss, die gegessen wird, wird in den Wald gekickt, wird ein Baum, darauf könnte das Eichhörnchen leben, so soll es aber leider nicht sein, das Eichhörnchen wird verhungern. Schade!

Modell 3: Gar nicht, aber auf eine ganz andere Art
Bedeutet: Beide verlieben sich, sind aber zu scheu.
Beispiel: Zwei Stehlampen verlieben sich in einem Möbelhaus ineinander, aber sie geben kein Licht. Sie können sich nicht anleuchten. Warum sie nicht

leuchten, kann viele Gründe haben: kein Strom, Glühbirne kaputt, Stecker nicht drin. Es sind keine Gehlampen, sondern Stehlampen, darum kann keine zur anderen gehen. Das ist fatal!

Modell 4: Es wächst
Bedeutet: Aus langer Freundschaft wächst Liebe.
Beispiel: Ein Trampolin kann nur mit einer Spargelsuppe über alles reden. Nachdem sie über alles geredet haben, springt das Trampolin in die Suppe, und beide erfahren dadurch eine Aufwertung.

Modell 5: Na gut
Bedeutet: Einer gibt sich geschlagen und lässt sich aus Erschöpfung erobern.
Beispiel: Ein Eichhörnchen versucht, einen Sessel zu pflanzen. Das Eichhörnchen weiß, dass alles, was man gießt, wächst. Es gießt so lange den Sessel, bis der Sessel anfängt zu schimmeln und auf ihm ein kleiner weißer Pelz wächst. Das Eichhörn-

chen freut sich und streichelt den Schimmel. Dass der Sessel stinkt, riecht das Eichhörnchen nicht, denn es ist das Eichhörnchen ohne Zähne, und es hat auch keine Nase. Die Nuss hatte schon Recht, das Eichhörnchen abzulehnen. Es ist ein hässliches Eichhörnchen. Der Sessel ist schon lange verrottet, aber das Eichhörnchen streichelt glücklich den Schimmel. Ich kenne mindestens drei solcher Paare.

Modell 6: Im Zauber der Nacht
Bedeutet: Sie wollen beide Sex und haben darum Sex.
Beispiel: Ein Magnet lernt in einem Club einen Salzstreuer kennen. Der Magnet hat zu viel Bier getrunken, um feststellen zu können, ob der Salzstreuer aus Metall ist. Der Salzstreuer weiß auch nicht mehr, ob er aus Metall ist. Sie verhalten sich erst mal, als wäre es so.

Modell 7: So soll's sein
Bedeutet: Beide finden sich sofort schau.
Beispiel: Die Stehlampe kann plötzlich gehen, ein Salzstreuer hat genau auf diese Stehlampe gewartet, eine Nuss hält an einer Tafel, das Möbelhaus findet das Eichhörnchen ohne Zähne und Nase irgendwie süß, der Lehrer entdeckt hinterm Haus ein Trampolin und freut sich voll, ein Magnet zieht Spargelsuppe an, ein Sessel lernt einen Wiedehopf kennen und kann plötzlich fliegen, Wunder über Wunder. Es muss nicht wirklich passen, es muss sich nur gut anfühlen.

Wie es mit der Liebe weitergeht, wenn es angefangen hat

Modell 1: Huch, passt ja gar nicht
Bedeutet: Huch, passt ja gar nicht.
Beispiel: Leider stellen alle Beteiligten fest, dass Wunder nicht anhalten: Die Stehlampe kann nicht

mehr gehen, kein Stück, dem Salzstreuer geht das Schnarchen auf den Keks, die Nuss fällt wieder von der Tafel, das Möbelhaus findet das Eichhörnchen ohne Zähne und Nase nach zwei Jahren gemeinsam frühstücken nicht mehr süß, außerdem hat das Eichhörnchen einen Bierbauch bekommen, der Lehrer will nicht mehr Trampolin springen, ihm ist schischi im Kopf davon, den Magneten zieht es woandershin, die Spargelsuppe wird kalt, ein Sessel kann nicht fliegen, er fällt auf die Schnauze, der Wiedehopf will im Winter immer nach Süden, aus und vorbei.

Modell 2: Keine Langstreckenläufer
Bedeutet: Die Puste geht aus.
Beispiel: Eine Pflanze, die nicht gegossen wird, ein Schlüpfer, der viel getragen wird, ein Lagerfeuer, in das kein Holz nachgelegt wird, ein Ski, der nicht gewachst wird, eine Fahrradkette, die nicht geölt wird: Wirft die Blüten in den Dreck, leiert in der

Hüfte aus, brennt sich zu Glut, bleibt im Pappschnee kleben, quietscht irgendwann nervtötend.

Modell 3: Jetzt bin ich hier, wo soll ich denn sonst hin (Mischung aus Modell 1 und Modell 2)
Bedeutet: Die Puste geht aus, und huch, es passt nicht, aber egal.
Beispiel: Ein Silikonimplantat zerplatzt in einer Brust. Es ist nicht genug Geld da, um zu operieren, denk an die Kinder, denk an das Haus. Es heißt ja nicht umsonst: „Bis dass der Tod euch scheidet."

Modell 4: Symbiose bis zum Umfallen
Bedeutet: Wenn man nicht genau hinsieht, kann man auch „sich ergänzen" dazu sagen.
Beispiel: Zwei Wiesel nagen sich zwei Beine ab, jeder sich selbst oder jeder dem anderen oder ein Wiesel sich selbst zwei und dem anderen zwei, egal. Zwei Wiesel mit zwei Beinen. Beide Wiesel können nur zusammen humpelnd vorwärtskommen.

Modell 5: Langstreckenläufer
Bedeutet: Glück, würd ich mal sagen.
Beispiel: Zwei Kastanien rollen nebeneinander den Berg hinunter. Manchmal kollidieren sie, mal rollt die eine, mal die andere vor, manchmal jauchzen sie.

Felicitas Rose

Das Tagebuch einer Närrin

Die Närrin bin ich.

Jedes Lebewesen soll ja nach untrüglichen Beweisen seinen Sparren, mindestens sein Spärrchen haben. Man kann alt dabei werden und hoch angesehen sterben. Ersteres habe ich vor, Letzteres hoffe ich. Eine alte Jungfer, welche Tagebuch führt, hat ja immer in den Augen der lieben Nächsten etwas Anormales, sofern sie nicht in schweren Kriegszeiten oder umgeben von großen Menschen, Dichtern, Denkern und Feldherrn gelebt hat, und das habe ich nicht. Deshalb wird mein Buch im Kleinkram stecken bleiben, im Kleinkram meiner Vaterstadt Wiedenburg. Früher galt ich als die Gescheiteste in der Familie, jetzt fasst man sich an den Kopf, wenn von mir die Rede ist. – Und als ich dies vor mir liegende Buch, von welchem man wusste,

Nichts TUN

IST BESSER ALS

NICHTS SCHAFFEN.

dass es meine Bekenntnisse aufnimmt, neulich einmal auf meinem Schreibtisch vergessen hatte, fand ich anderntags von Onkel Heinrich von Berndt's Hand hineingekritzelt: „Tagebuch einer Närrin".

Ich tat nichts dergleichen, denn Onkel Heinrich ist leberleidend, und wenn ich bei den Angehörigen auch oft als respektlos gelte – vor Lebern, Nieren und Herzen meiner Sippe habe ich achtungsvolle Scheu.

Es hat stille Stunden der Einkehr gegeben, in denen ich mich fragte, ob es nicht an Wiedenburg und seinen verrückten, engherzigen Anschauungen lage, dass ich ein so hoffnungsloser Fall für meine zärtlichen Verwandten geworden bin, aber ich weiß es jetzt ganz genau, dass es an mir liegt. Tiefe Selbsterkenntnis ist nicht der bekannte Weg zur Besserung – bei mir nicht. Ich bin eine bewusste Närrin. Aber ich fletsche weder die Zähne, noch trage ich Stroh im Haar, ich belästige meine Mitmenschen

nicht mit zu vielem Reden noch durch unheimliches Schweigen, niemand kann eigentlich seinen Weg unauffälliger gehen als ich.
Aber in Wiedenburg falle ich unausgesetzt auf, ja man hat schon oft mit Fingern auf mich gezeigt und ist stehen geblieben in ganzen Rudeln, bis ich um die nächste Straßenecke verschwunden war.
Wäre ich gescheit oder überhaupt nur ein normales Menschenkind, dann schüttelte ich den Wiedenburger Staub von meinen Füßen, ginge in die schöne, weite Gotteswelt, suchte mir ein liebes, efeuumranktes Häuschen in einem Waldtal oder in roter, weiter, birkenumstandener Heide – – aber – ich bin eben verrückt, hoffnungslos närrisch.
[…] Worin zeigt sich nach ihren Begriffen meine Narrheit?
Dass ich eine angehende alte Jungfer bin und trotzdem meine schweren, blonden Zöpfe noch in schlichtem Defreggerkranz um mein Haupt lege? Dass ich das sechsundzwanzigste Jahr zurücklegte,

ohne mich je zu verlieben? Nicht einmal in einen Wiedenburger, die doch alle so wohlhabend, so selbstgerecht und satt herumlaufen, jedes einzelne Mannsbild eine – „Partie".

[...] Und nun zu den beiden schwärzesten Sünden meines Erdendaseins, die mir die Wiedenburger nie verzeihen werden: Ich möchte erstens gern heiraten, was ich ja von allen meinen lieben Mitschwestern auch glaube, aber ich besitze die Verruchtheit, es laut und deutlich auszusprechen. Ja, ich möchte für mein Leben gern einen Mann, freilich einen ganzen, besonderen Mann, diesen meinen Idealmann lieb haben, dazu drei, sechs, neun – am liebsten vierundzwanzig Kinder. Meine Altersgenossinnen in Wiedenburg haben nun zwar alle ähnliche Wünsche gehabt, wenn sie auch nicht hartnäckig auf Idealmänner bestanden, sie sind alle längst verheiratet und besitzen drei, sechs, neun und, will's Gott, auch einmal vierundzwanzig Sprösslinge, aber sie haben es nie „schamlos

ausgesprochen“, es war das alles: „Himmelsfügung“.
Und nun kommt das Schlimmste, der fürchterliche i-Punkt, die Krone des Ganzen – ich habe dem Herrlichsten von allen, der besten Partie, „Ihm“ schlechthin, dem Herrgott von Wiedenburg habe ich einen Korb gegeben, ich, die „Gott danken sollte“, die „mit ihren lumpigen zweitausend Mark Zinsen“, die, „die nächstens vollends überschnappt“, die „wohl auf einen Prinzen wartet“, die „Närrin“. –
Eigentlich dürfte ich mich bei Tage gar nicht mehr in Wiedenburg sehen lassen, müsste nur noch in der Dämmerung verstohlen Luft schnappen und mich dann wieder errötend und ungesehen in meinen Altjungfernzwinger schleichen, ein kleines, altes, graues Häuschen im Schlosspark, so eine Art Altenteil und buen retiro meiner Ahnen, der Herren von Holsten. Freilich ist ein „Aber“ bei diesem Besitz, doch ich verscheuche die Gedanken an dies „Aber“.

Vier Zimmer und Küche sind nur darin, klein, aber mein. Die Möbel sind Urväterhausrat, die Bilder wertvolle Stiche und Ölgemälde, meine Ahnengalerie. Die Holstens sind alle, wie sie da hängen, Dickköpfe gewesen, innerliche Dickköpfe, äußerlich ein stattliches, schönes Geschlecht. Mit mir, Rose von Holsten, stirbt es aus, das ist ein wehmütiger Gedanke, aber ich gebe mich ihm nicht lange hin. Besser doch, ich kann auf lauter tüchtige, ehrenvolle Holsten zurückblicken, als dass irgendwo ein verkrachter Träger unseres guten Namens steckte und ich in ewiger Angst um seine Verdunkelung leben müsste.

Durch meine Verrücktheit wird unser Name nicht weiter verdunkelt, ich bin ja so weit ganz zahm.

Aber mit Wiedenburg habe ich's verdorben.

Es sah mich bereits in „Villa Herkules“ wohnen, welch schrecklicher Name! Aber Name ist Schall und Rauch – und „Herkules“ mag ja ein achtbarer, biederer Mann sein, nach welchem sich zehn Meilen im Umkreise die Mädchen die Finger lecken, wie er selbst sich geschmackvoll ausgedrückt hat. Und dass ich nicht mitgeleckt habe, ist ja meine eigene Schuld und sollte eigentlich gänzlich meine eigene Angelegenheit bleiben, aber Wiedenburg macht es zu einer städtischen Angelegenheit und hätte es am liebsten in der Stadtverordnetenversammlung vorgebracht. O Himmel, welch ein Sturm im Wasserglase!

Als vor nunmehr vierzehn Tagen, am 20. Oktober, der Riesenstrauß von feuerroten Nelken, Dahlien und Astern, ein wahres Ungetüm an Geschmacklosigkeit, bei mir abgegeben worden war, gratulierten mir schon wenige Minuten drauf mein altes Dienstmädchen, die Dorette, sowie das Faktotum des Amtsgerichts, Bürodiener Lamprecht, der mich schon als Kind gekannt.

Gratulierten zur Verlobung mit dem Herrn Gutsbesitzer und Fabrikanten August Murpitz, alias Herkules. Letzteres ist sein Spitzname, auf den er ungeheuer stolz ist und nach welchem er auch seine neue Villa benannt hat. Name ist Schall und Rauch, aber „August Murpitz“ ist ein Schall, der mich umwirft, und ein Rauch, der in die Augen beißt.

Und während mir die alten, guten Seelen wortreich gratulierten, entwarf ich den Absagebrief mit einem wehen, bitteren Gefühl im Herzen und einem eklen Geschmack auf der Zunge. Wie hatte er es wagen können! Nach meinem durchaus ablehnenden Verhalten ihm gegenüber! War ich denn ganz schutzlos?

Ja, ich war es. Ich spürte es, als am Nachmittag die zärtlichen Verwandten anrückten. Denn schon am Nachmittage war es „herum“, dass ich einen Korb erteilt hatte, der Herkules selbst musste das „Ungeheuerliche“ verbreitet haben, anders kann ich es mir nicht erklären. Und so traten sie bei mir an, der Onkel Heinrich von Berndt, der Amtsgerichtsrat und Nachfolger meines Vaters, seine Gattin Klothilde, geborene Freiin Diers-Herweg, die Tante Rosine von Brankwitz, Stiftsdame zu Wiedenburg, welche genau wie ihr Vorname aussieht und sich auch immer in einem Zustande vertrockneter Süßigkeit befindet. Auch Onkel Gustav von Berndt, der pensionierte Oberst, fehlte nicht, ein wahrer Eisenfresser alten Schlages und der einstige Schrecken und Liebling zugleich seines Regiments. Er wohnt erst seit ein paar Wochen in Wiedenburg, ist kinderloser Witwer und seine Schwester Leonore führt ihm den Haushalt, liest ihm in sanfter Weise die Leviten und strickt Missionsstrümpfe. Auch zu dieser Familienberatung hatte sie solch einen Strumpf mitgenommen. Und sie alle wollten mich bevatern und bemuttern, wie es zärtliche Verwandte immer wollen, solange man keinen Anspruch auf ihr Portemonnaie erhebt.

„Es ist nicht möglich, nein, es ist nicht möglich", wimmerte Tante Klothilde, „ich muss aus deinem eigenen Munde hören, dass du – hm –"

„Total verrückt bist“, vollendete der Oberst mit seiner scharfen Kommandostimme.
„Ist dein Tagebuch bald fertig?“, fragte Onkel Heinrich mit höhnischer Betonung. „Sonst könntest du die Bekenntnisse einer Närrin noch um diesen Fall bereichern.“
„Ja, dieser Fall kommt mit hinein“, entgegnete ich ruhig, „ihr kommt alle mit hinein, die Närrin muss doch ihr ‚Milieu‘ haben.“

Kluge
FRAUEN
KOMMEN
ÜBERALL
HIN!

Helene Hübener

Die drei Freundinnen

Heiß schien die Sonne zur Mittagszeit über dem Städtchen Bergen. Still und leer war's auf den Straßen. Nicht als ob sonst viel Leben darin herrschte, aber die wenigen Leute, die ihren Handel und Wandel darinnen hatten, waren unsichtbar. Die Bewohner der kleinen, bescheidenen Häuser aßen ihr Mittagsbrot oder hielten in der Schwüle des Tages ihr Schläfchen. Man konnte ungesehen auf den Markt gelangen, der größere Häuser aufzuweisen hatte, ja einige hatten ein vornehmes Aussehen und zeugten von der Wohlhabenheit ihrer Besitzer. Wir betreten keines dieser kleinen Häuser, sondern wenden uns nach rechts in das sogenannte Pfarrgässchen, das einen freien Blick auf den Kirchplatz und auf die hübsche, mit gotischem Turm versehene Kirche eröffnet. Der Kirche gegenüber steht ein altes, ehrwürdiges Haus mit dunkelgrünem Ölanstrich. Es schaut düster und mürrisch drein, und wollte man nach seinem Aussehen die Insassen beurteilen, so müsste eine melancholisch angelegte Familie darin hausen. Dem ist aber nicht so. Betreten wir das Haus. Tiefe Stille umgibt uns. Möglicherweise halten Superintendents Mittagsruhe. Aus der Ferne aber, vom Garten her, vernehmen wir fröhliche Stimmen, und da die offene Hintertür des Hauses den Blick auf einen mit schattigen Nussbäumen versehenen Hof gewährt, so dringen wir weiter in das einmal betretene Gebiet und gelangen über den Hof in den großen, schön angelegten Garten, in welchem gleich am Eingang eine schattige Lindenlaube als willkommener Rastort in der schwülen Mittagshitze zum Ausruhen einlädt. Drei junge Mädchen mussten nicht von der Hitze leiden, denn sie saßen in malerischer Stellung auf dem Rasen unter einem jungen Apfelbaum, der zwar etwas Schatten entsandte, aber doch nicht so viel, dass man sich das Sitzen darunter behaglich vorstellen konnte. Junge Mädchen sind aber nun einmal anders als andere Leute. Wenn sie sich etwas poetisch und hübsch denken, dann halten sie gern etwas Hitze oder Kälte aus, je nachdem's die Jahreszeit gibt.

„Seht", rief eine von den drei Freundinnen, „so ist's schön! Wir drei unter meinem Apfelbaum an meinem zwanzigsten Geburtstag, eine jede mit ihrer Lieblingsrose geschmückt, das ist poetisch."

„Wie gut, dass es nicht regnet, Lorchen", meinte die Zweite. „Es wäre doch zu schade gewesen, wenn wir den heute geplanten Waldausflug nicht hätten machen können, ich habe mich schon so lange darauf gefreut."

„Ein Tänzchen wäre schöner", warf die Dritte ein, wohl die Hübscheste unter ihnen und die Geputzteste; aber ein feiner Beobachter würde sie bald als die Oberflächlichste erkannt haben.

„Seit du tanzen gelernt hast und Bälle besuchst,

bist du anders geworden, Elise. Ich möchte nicht meinen schönen Schlaf hergeben, um mich müde zu tanzen und am andern Tage matt und blass umherzuschleichen, ohne Frische und Arbeitslust", versetzte das hübsche Lorchen, die Tochter des Hauses, die mit ihren nussbraunen Zöpfen und den klugen Augen fröhlich in die Welt hineinschaute.

„O", rief Elfriede, die Blonde unter den dreien, ein kräftiges, blühendes Mädchen von neunzehn Jahren, „mich freuen und fröhlich sein will ich, und tanzen mag ich gern. Aber weshalb man sich deswegen herausputzen muss und auf einen Saal gehen und weshalb man dazu Herren gebraucht, das sehe ich nicht ein. Man kann es ja allein, wenn man Lust hat." Kaum hatte sie das gesagt, so stemmte sie die Arme in die Seite und drehte sich anmutig und gewandt wie eine kleine Elfe auf dem Rasen herum.

„Kind, Kind, was machen Sie denn! Dieser Unverstand! Wie können Sie bei solcher Hitze auf dem

Rasen tanzen“, ertönte plötzlich eine Stimme von der Gartenpforte her, und eine würdige Matrone trat rüstigen Schrittes auf die Mädchengruppe zu.
„Großmama“, rief Lorchen, „Elfriede wollte uns nur zeigen, dass das Tanzen im Freien besser gehe als im Saal.“
„Ach was, tanzen hin, tanzen her. Mir wär’s lieber, ihr rührtet die Hände als die Füße. Ich sehe es nicht gern, wenn junge Mädchen müßig sind. Der Strickstrumpf muss immer zur Hand sein, ich sehe aber drei junge Mädchen und keinen Strickstrumpf.“
„Frau Bürgermeister“, begann Elfriede munter, „heute ist Lorchens Geburtstag, und an Festtagen ist die Arbeit verboten.“
„Kleiner Naseweis“, sagte die strenge Frau, „wirst schon noch die Hände rühren lernen: Das Leben bringt nicht immer Festtage. Lorchen, wo sind die Schwestern? Haben sie schon die Vorratskörbe gepackt für heute Nachmittag?“

Lorchen errötete. „Die Schwestern – ich weiß nicht –, ich glaube, ich hörte sie im Hofe lachen."

„Ich werde sie mir suchen", versetzte Großmutter und verließ eiligen Schrittes den Garten. In einer Ecke des geräumigen Hofes, da, wo ein großer Nussbaum kühlen Schatten gewährte, standen vier junge Mädchen und steckten die Köpfe zusammen. Sie schienen Poesiealben in Händen zu haben, die sie sich gegenseitig zeigten. Sie flüsterten und kicherten, und eine sagte zur andern: „Was hat er dir hineingeschrieben, und dir?" – „Bitte, zeige mir dein Buch, hier hast du das meine –"

„Was geht denn hier vor?", tönte auf einmal Großmutters Stimme. Die jungen Mädchen erschraken. Großmutter hatte helle Augen und hielt die Enkelinnen in strenger Zucht.

„O Großmama", riefen fast alle zugleich, „Herr Vikar hat uns zum Abschied etwas ins Album geschrieben. Eben hat er uns die Bücher gebracht. Willst du es lesen?"

„Jetzt ist keine Zeit für Poesiealben“, rief die alte Dame, „sputet euch, kommt in die Küche; es gibt noch viel zu tun, wenn wir um drei Uhr am See sein wollen.“

Die jungen Mädchen schienen sich ungern von den Alben zu trennen, doch wenn Großmutter rief, gab es keinen Aufschub. Sie ließ sich die Erziehung ihrer Enkelinnen nach altem Brauch angelegen sein und übte das Erzieheramt mit Strenge. Ihre Tochter, die Mutter der Mädchen, war's zufrieden. Sie, mit ihrem hohen Geist, zog es vor, in der Studierstube ihres Ehemanns zu sitzen, ihn bei seinen Arbeiten zu unterstützen, Abschriften für ihn zu machen, mit ihm zu politisieren. Sie verstand es wohl auch, die Wirtschaft zu führen, doch jetzt, da die Mutter mit im Hause lebte und sie wusste, dass es ihr Freude machte, die Zügel der Wirtschaft in Händen zu haben, überließ sie ihr die Sorgen für das leibliche Wohl, ebenso die häusliche Erziehung ihrer sechs Töchter.

Die Mädchen gingen mit ihren Büchern dem Hause zu. Wer konnte es ihnen aber verargen, dass sie mehr an das dachten, was Herr Rost, der Vikar im väterlichen Hause, ihnen ins Album geschrieben, als an das, was in der Küche vorging! Sie erörterten noch untereinander die Frage: Wo wohl Lorchens Buch sei? Herr Rost habe alle in der Hand gehabt, nur dieses habe gefehlt. Ob er es wohl schon zurückgegeben und was er wohl für sie gewählt?
Die alte Dame war ihren Enkelinnen vorausgeeilt und betrat nun die geräumige Küche, in welcher Kathrine, die alte Köchin, das letzte Geschirr vom Mittag wegräumte. „Wo ist Fräulein Philippine?"
„In der Speisekammer, Frau Bürgermeister."
Die Großmutter nickte befriedigt und betrat den kühlen Raum. Hier war ein junges Mädchen, die älteste von den Schwestern, mit Brotschneiden beschäftigt. Philippine war der Großmutter am ähnlichsten, sie wirtschaftete mit Leidenschaft, ein neues Rezept war ihr wichtiger als ein neues Kleid.

Konnte man sich wundern, dass Philippine der Großmutter Herzblatt war, dass sie von ihr hoffte, sie werde einst ihrer Erziehung am meisten Ehre machen?

Sie lobte Philippine ihres Fleißes wegen und meinte, es sei genug des Butterbrotes, nun müsse der Kuchen geschnitten werden und der Kaffee abgemessen. „Kathrine“, rief sie in die Küche hinaus, „ist der Kessel gescheuert und die Zinnkanne blank?“

„Spiegelblank, wie der See selber. Sie kochen doch den Kaffee draußen, Frau Bürgermeister?“

„Natürlich, das gehört zum Waldvergnügen.“

Während nun Großmutter und Philippine einpackten und die andern jungen Mädchen auch herzukamen und halfen, saßen die drei Freundinnen immer noch in guter Ruhe unter dem Apfelbaum. Lorchen wusste, dass sie heute das Recht dazu hatte. Geburtstagskinder waren ein für alle Mal befreit von den gewöhnlichen Pflichten, und da obenein zwei Freundinnen zum Besuch waren, konnte sogar Großmutter keine Einwendungen machen.

„Deine Großmutter ist streng", sagte Elise. „Ist es wahr, dass ihr immer stricken müsst und euch die Löcher in den Strümpfen selber zustopfen? Mutter sagt: Das habe ich nicht nötig, es gibt Leute, die das für mich tun können."

„Großmutter sagt, wir sollen zu tüchtigen Hausfrauen erzogen werden, und eine gute Hausfrau müsse alles selbst angreifen können und alles selbst verstehen."

„Ich will einmal eine gute Hausfrau werden", sagte Elfriede. „Muss ich doch jetzt schon, seit Mütterchen tot ist, für alles sorgen. Ich wünsche mir einen großen Hausstand, viele Kinder, viel Gesinde und viel Arbeit. Dann will ich von früh bis Abend auf den Füßen sein und tüchtig herumlaufen. Das ist meine Lust und Freude." Bei diesen Worten hüpfte sie wieder auf dem Rasen und drehte sich im Kreise herum voll Jugendlust und Übermut. Elise aber sagte spöttisch: „Eine Hausfrau will ich auch werden, aber ich werde nur gebieten, das schickt sich nicht anders für die Herrin. Hoffentlich werde ich einmal sehr reich und habe das Arbeiten nicht nötig."

Elfriede und Lorchen sahen sich an. Es ging das Gerücht, Elise, die reiche Kaufmannstochter, werde sich mit einem Amerikaner, den sie in der Residenz kennengelernt hatte, verloben. Sie selbst hatte noch nicht davon gesprochen. „Ist Herr Brown noch in der Stadt?", fragte Elfriede, sie scharf ansehend.

Elise errötete und sagte: „Ja, er wird auch noch nicht so bald abreisen."

„Elise, ist es wahr, dass du dem Fremdling in die weite, unbekannte Welt folgen willst?"

„Der eine wird hierhin verschlagen, der andere dorthin", versetzte Elise ausweichend. „Wir können doch unmöglich alle beisammenbleiben."

„An eine Trennung habe ich bis jetzt noch nicht gedacht", sagte Lorchen nachdenklich. „Ich meine aber, wir bleiben uns immer treu und vergessen nie unsere gemeinsam verlebte Kindheits- und Jugendzeit. Wollen wir uns nicht das Versprechen geben, uns in zehn Jahren hier wieder zu treffen und meinen Geburtstag miteinander zu feiern?"
„Doch lieber in fünfzig Jahren, wenn wir alle Großmamas sind", rief Elfriede übermütig.
„Wer weiß, was wir bis dahin durchmachen", sagte Elise mit einem Gesicht, das zu sagen schien: Ich werde doch am meisten erleben.
„Also unter diesem Apfelbaum in fünfzig Jahren! Das wäre – – heute haben wir den 12. Juli 1830 – – der 12. Juli 1880", rief Lorchen.
„Und wisst ihr, was wir machen", jubelte Elfriede. „Wir ritzen die Anfangsbuchstaben unserer Namen und die Jahreszahl in den Baum. Eleonore, Elise, Elfriede, das gibt ein dreifach verschlungenes ‚E'. Damit setzen wir unserer Freundschaft einen

Denkstein." „Das Bäumchen ist im Wachsen", meinte Lorchen. „In fünfzig Jahren werden wir wohl kaum noch eine Spur des ‚E' entdecken. Wir wollen lieber in die Lindenlaube gehen und in den dicken Stamm der mittleren Linde den Buchstaben einschneiden. Kommt!"

HEUTE.
HIER.
JETZT!

Dora Heldt

Diese Launen

Nele hat mich angerufen, um mir zu sagen, dass sie schlechte Laune hat. Und zwar richtig. Gleich nach dem Wachwerden hat sie bereits gewusst: Dieser Tag wird sich wieder mal anfühlen wie ein Weltuntergang. Ihre Wohnung ist so dunkel und nicht aufgeräumt, das Wetter schlecht, ihr Job langweilig, ihr Kühlschrank leer, sie ist immer noch Single, hat nichts Schönes vor, am Wochenende soll es weiter regnen und im Fernsehen gibt es auch nichts. Ihr Leben ist ein einziges Elend. Um sie aufzumuntern, schlug ich ihr Schokolade vor. Nele fragte nur mit wütender Stimme, ob ich sie in letzter Zeit überhaupt mal angeguckt hätte, sie hätte gerade Kampfgewicht, und das Letzte, was sie sich leisten könnte, wäre Schokolade, zumal sie Tonnen essen müsste, um das Ergebnis „glücklich" zu erreichen.

Auch die Vorschläge, zusammen eine Fahrradtour zu machen oder ins Kino oder einen Kaffee trinken zu gehen, stießen auf Ablehnung. Sie würde wieder ins Bett gehen, mehr könne man mit diesem grauenhaften Tag nicht anfangen. Also legten wir auf. Ich kenne diese Tage auch. Diese Weltuntergangstage. Man hockt auf einer schwarzen Wolke und findet alles blöd. Sich selbst am meisten. Und wenn man sich dann doch aufrafft, weil man ja als erwachsene Frau weiß, dass man sich gerade auf eine kindische Art selbst bemitleidet, undankbar und ungerecht dem Leben gegenüber agiert, dann geht das auch schief. Bei meinem letzten Weltuntergangstag habe ich mich irgendwann gezwungen, in die Stadt zu gehen, um mir selbst eine Freude zu machen. Ich fand aber nichts, was dafür infrage gekommen wäre, alles war entweder unnütz, zu teuer oder passte nicht, also bin ich noch schlechter gelaunt nach Hause gekommen. Und habe sofort meine Freundin Anna angerufen, um ihr zu sagen, dass ich so schlechte Laune habe. Sie hat freundlich, aber etwas unkonzentriert zugehört und dann gesagt, dass ihr das leidtäte, aber sie hätte im Moment so wenig Zeit, weil ihr Sohn Jakob gerade seiner Schwester Lena die Haare geschnitten hätte, weshalb Lena jetzt unter ihrem Stoppelpony heule wie am Spieß, ihrem Bruder aus Wut eine runtergehauen hätte, Axel mit ihm deshalb zum Kinderarzt unterwegs sei und bei ihrer Waschmaschine gerade der Schlauch abgesprungen wäre und sie jetzt schnell das Badezimmer trockenlegen müsse. Sie würde mich aber später zurückrufen. Bis dahin hätte sie dann auch schlechte Laune. Vielleicht könnten wir uns nachher bei einem Glas Wein darüber austauschen.

Und genau in diesem Moment war mein Stimmungstief vorbei. Ich musste nichts trockenlegen, meine Frisur war in Ordnung, ich war unverletzt und musste nicht zum Arzt. Und die Welt würde nicht untergehen, ich musste mich nur mal richtig schütteln. Das habe ich getan und dabei gemerkt, dass wir Sommer haben. Und das Leben doch schön ist.

Milena Moser

Ode ans Kaffeehaus

Samstagmorgen kurz nach neun, die Schlange vor dem Kaffeetresen des *Atlas Café* zieht sich zur Tür hinaus und bis um die Ecke. Junge Frauen in zu großen Pyjamahosen und Plüschpantoffeln mit Hasenohren. Ältere Damen mit lila Locken und Wanderschuhen. Radkuriere mit künstlichen Dreadlocks und Beinen aus Stahl, Jogger, Hundebesitzer, Wichtigtuer, ein Mann mit fahrbarem Sauerstoffgerät. Ich stelle mich hinten an, den Computer unter den Arm geklemmt. Gerade habe ich meinen Sohn im Fechtkurs abgesetzt, eineinhalb Stunden liegen vor mir und eine unfertige Geschichte. Die Schlange bewegt sich nur langsam, die Bestellungen sind kompliziert und die Baristas, wie die Kaffeeausschenker genannt werden, so verlangsamt und gelangweilt, wie sich das

AUFSTEHEN.
Krone
RICHTEN.
ANLAUF
NEHMEN.
DURCHSTARTEN!

für das Personal von Szenecafés auf der ganzen Welt gehört.
Ich behalte die kleinen Tische im Lokal im Auge, als könnte ich mit hypnotischem Blick einen für mich reservieren, ganz hinten an der Wand. Es ist sonnig, der kleine Hinterhof schon voll besetzt. Zum Glück wollen die meisten Kunden ihren Kaffee im Pappbecher „to go" gleich wieder mit nach Hause nehmen und im Bett durch die kleine schnabelartige Öffnung im Plastikdeckel schlürfen. Sagte ich Kaffee? Das war ein Versehen. Kaffee bestellt hier niemand, sondern mysteriöse Mixturen wie „half-caf/decaf" oder einen doppelten „nassen" Cappuccino oder gar einen Latte mit fettfreier Sojamilch und Schlagsahne obendrauf. Ein Ausdruck von innerer Zerrissenheit, der mich länger beschäftigen wird. Als ich an die Reihe komme, sage ich fantasievoll wie immer: „Einen doppelten Espresso bitte und ein Himbeer-Scone."
„Einen was? Doppelten was?", näselt die junge Ba-

rista an ihrem Nasenring vorbei, doch irgendwas in meinem Blick hält sie davon ab, mir einen Vortrag über die gesundheitlichen Risiken übersteigerten Koffeinkonsums zu halten. Stattdessen wendet sie sich wieder an den tassenspülenden Mexikaner, der sich ihre Auflistung von Dingen, die sie im Verlauf des gestrigen Abends zu sich genommen hat, geduldig anhört.

Endlich bin ich an meinem Tisch, ganz hinten in der Ecke, Blick über das ganze Lokal, ich esse erst einmal mein Scone, kippe den Kaffee und lasse mir die Tasse wieder füllen. „Noch einen?“, näselt das Fräulein, jetzt beinahe bewundernd, „wow, du kannst aber was vertragen!“ Ich wische die Krümel vom Tisch, bevor ich meinen Computer aufklappe. Das ist mein Arbeitszimmer, samstags von neun bis halb elf, während mein Sohn um die Ecke den Säbel schwingt, oder wie immer das Ding heißt. Wochentags klappe ich mein Büro entweder im „Dolores Park“ in der Nähe der Schule auf, oder im

„Farley's" bei mir um die Ecke. Doch das „Dolores Park" bietet kabellose Internetverbindung an, was bei mir sofort zu endlosem E-Mail-Geschnatter führt, und im „Farley's" liegen die (in „Sofa, Yoga, Mord" verewigten) Gästetagebücher auf den Tischen, deren endlosen seifenopernartigen Geständnissen ich nie widerstehen kann. Außerdem ist der Besitzer, der drahtige Roger, ein Exfreund meiner Freundin Alice. Jedes Mal, wenn er mich sieht, erkundigt er sich nach ihr, so in dem Ton „ist sie etwa schon wieder schwanger oder einfach nur dick geworden?"

Im Atlas gibt es nichts dergleichen, nur eine eklektische Mischung von Menschen, die mich jedes Mal von Neuem entzückt. In Zürich zum Beispiel würde sie automatisch vorsortiert: Die aufstrebenden jungen Fernsehproduzenten bleiben hübsch unter sich, die trotzigen jungen Lesben mit ihren halbrasierten Köpfen hatten ihr eigenes Lokal, ebenso wie die befreiten Großmütter in ihren selbst bemalten Seidentuniken und die Yogasüchtigen mit ihren zusammengerollten Matten. Selbst die Obdachlosen und ihre Hunde würden einen eigens für sie eingerichteten Treffpunkt aufsuchen müssen. Aber hier in San Francisco teilen sie sich alle dasselbe szenige Café und dieselbe schnoddrige Bedienung – das liebe ich an dieser Stadt. Selbst Touristen trauen sich, am Tisch die Straßenkarte aufzufalten, ohne sich bloßgestellt zu fühlen. Und natürlich bin ich nicht die Einzige, die hier in die Tastatur haut: Schreiben im Kaffeehaus hat in San Francisco Tradition. Die Beat-Poeten trafen sich jeweils im Caffe Trieste im Italienerviertel North Beach, wo sich zwar weit und breit kein Strand befindet, dafür die berühmte City Lights Buchhandlung, die den erst mal verbotenen Roman „On the Road" veröffentlichte und vertrieb und deren Besitzer sich dafür vor Gericht verantworten mussten. Da traf sich, wer einen Bleistift halten konnte, zu Endlos-Lesungen und Diskussionen,

die dann im Caffe Trieste fortgeführt wurden, bis die Kaffeebohnen ausgingen. Es heißt, San Franciscos Beitrag zur Beatliteratur sei ausschließlich an diesen kleinen runden Tischen entstanden, an denen heute noch furios und fiebrig in schwarze Notizbücher gekritzelt (seltener auf Laptoptastaturen eingetrommelt) wird.
In San Francisco gibt es an jeder Ecke Kaffeehäuser – Kaffee ist eines der letzten Laster, die sich gesundheitsbewusste Nordkalifornier noch gönnen, gleich literweise schlürfen sie die absurden, klebrigsüßen Mischgetränke, die manchmal auch „candy bar in a cup" genannt werden und leicht eine Mahlzeit ersetzen können. Die mit Kreide auf eine Schiefertafel hinter der Theke gemalte Karte füllt meist gleich die ganze Wand: Kaffee wird mit heißer Schokolade gemischt oder mit einem Schuss Caramel- oder Vanillesirup versetzt, mit Eis und Schlagsahne aufgepeppt, mit Zimt und Zucker bestreut. Jedes Viertel hat seine Nachbarschaftscafés,

kleine, schräge, mit Flohmarktsofas möblierte Lokale, die sich tapfer gegen die verpönten mit dem grünen Signet behaupten und in denen sich Pensionäre, Studenten und Ladenbesitzer treffen. Auf windschiefen Bänken vor der Tür unterhalten sich Raucher mit Hundehaltern und überall sitzen auch angehende oder etablierte Schriftsteller, Drehbuchautoren und Dichter an den Tischen. Manche haben zur Betonung ihrer Ernsthaftigkeit einen Wall aus Büchern um sich herumgebaut. Bitte nicht stören, hier arbeitet jemand, der Proust liest! Aber hallo, im Original! In dieser emsigen Atmosphäre fühle ich mich sozusagen zur Produktivität verpflichtet, ich hacke in die Tastatur, als hinge mein Leben davon ab. Zu Hause hätte ich schon längst die Zeitung aufgefaltet oder die Post geöffnet, das Telefon abgenommen, ach was, ich wäre aufgestanden, hätte das Frühstücksgeschirr abgewaschen und den Weg zurück zum Schreibtisch nie mehr gefunden. Doch hier gönne ich nicht mal meinen Tippfingern (zwei an jeder Hand) eine Pause. Die zugegeben leicht pubertäre Überzeugung, beobachtet zu werden, hält mich bei der Sache. Kaum halte ich einen Augenblick inne, meine ich, die anderen Gäste kopfschüttelnd zueinander sagen zu hören: „Nun schau dir mal die an, in der Ecke da, die schreibt doch gar nicht!“ Und schon bin ich so drin in meiner Geschichte, dass ich die Zeit vergesse. Mein Sohn steht schon an der Ecke, in seinen zu großen und nicht mehr ganz sauberen Fechthosen, den Helm unter den Arm geklemmt, als ich angekeucht komme, die Computerkabel hinter mir herschleifend.

„Ich hab Hunger“, sagt er, „ich hab Durst, krieg ich eine heiße Schokolade?“ Und schon stehen wir wieder in der Schlange vor dem *Atlas Café*.

Quellen

Amelie Fried, Mein Schweinehund und ich,
aus: Amelie Fried, Verborgene Laster und andere Geständnisse,

Kirsten Fuchs, Versuchsanordnung,
aus: Kirsten Fuchs, Eine Frau spürt so was nicht,

Marlen Haushofer, Die Frau mit den interessanten Träumen,
aus: Marlen Haushofer, Begegnung mit dem Fremden,

Dora Heldt, Diese Launen!,
aus: Dora Heldt, Im Grunde ist alles ganz einfach,

Wir danken den Autoren und Verlagen für die freundliche Abdruckgenehmigung.